Las lágrimas saben al mar

ᴜ

Ilustración de portada: Clara García Castellanos
Foto autora: Claudia González

Depósito Legal: AB 399-2025
I.S.B.N.: 979-13-87589-88-2

unoeditorial.com

Las lágrimas saben al mar

CLARA GARCÍA CASTELLANOS

ꓴ

Se me ocurre que es complicado vivir; quizá falta de inspiración o falta de porvenir por la locura pasajera de los magos que están encapsulados en una jaula de cristal...tan fina... que solo con respirar se funden con ella y parece que no existiera, sin embargo, es frontera del amor entre la gente

CLARA GARCÍA CASTELLANOS

Índice

PRÓLOGO

Cuando la vida te lleva por el camino de la transformación espiritual significa que vas a experimentar un viaje tumultuoso hacia dentro. Esta excursión nos engrandece pero no en tamaño sino en calidad como persona.

En la superficie del océano hay ruido, las olas; en la profundidad, silencio y calma.

El océano presenta un horizonte sin fin, lo que provoca que sintamos incertidumbre, miedo y que finalmente se desencadenen las lágrimas.

La inmensidad, lo inabarcable, lo misterioso e inalcanzable nos hace llorar.

"Las lágrimas saben al mar"

Un libro de poemas para arrullarte en momentos de tristeza y trascendencia.

Clara García Castellanos

CATARSIS

En la sanación
por purificación
salen despavoridas
emociones comprimidas

Asclepio
nacido de un asunto
controvertido
un buen médico
devuelve la vida
hasta a los muertos

La serpiente que enferma
y cura a la vez;
siente tu dolor y
tu alegría

Déjate llevar
en una danza magnética
soltar amarres
y mover las anclas

Enfrentarte al muro
que te separa de ti mismo

Obviar opiniones
de los que te anulen

Fluye en la despedida
de las cosas pasadas
y destructivas para ti

¡Desencadénate
de una vez!

Retira la culpa
afianza tu amor
olvida la venganza
¡esa es tu labor!

DESORIENTADO

Diría que tu tozudez
es extraña;
crees que sabes todo
y todo lo ignoras

Transitas por un océano
grandioso y sin final
tampoco sabes hacia
dónde vas

Si optaras
por ver tu realidad
sin oponer resistencia
la gran verdad
daría luz
a tu existencia

Tenebroso
el castillo
desde el que te inmolas

WIKI

Pequeña oveja canina
deslumbras con el brillo
de tus dientes
-afilados como alfileres-
la luna

Te vuelves loco
con la presencia
de tus seres amados
-corres y corres-
y en esa carrera
tus orejas mueves
al viento

Amoroso y travieso
desencajas mis muelas
-río-
cuando muerdes
mis tobillos

Siestas a deshora
ruido y traspiés
por la noche
sin ver

Brindas amistad
y diversión
cuando buscas
tu juguete
en el sillón

No dejes
de dormir
-cachorrito-
muestra lo que tienes
para ser feliz

¡Bichón bonachón!

¿SABES QUIÉN ERES?

No basta con mirarte a un espejo
donde solo ves
lo que refleja en un momento

Vivencias se contraponen
en un misterio
de conocimiento

Es muy voraz
la insistencia
en nuestros apoyos
pero debes quitarlos

No todo de una vez;
la vida camina despacio

Unas cosas llegan hoy
otras, dentro de un espacio

Para no hacer daño
y sentirte entusiasmado
de la cabeza a los pies

Te encontrarás
desarmado
desahuciado
descolorido
en el laberinto
de ti mismo

Si desesperas
no llegarás

a la paz
que ofrece
el sentirte
como eres

Peonza giratoria
alucina en el trayecto

MANGALA

En marzo
traje la primavera
conmigo

Fama de guerrera apasionada
ariana con alma de pez

Del planeta rojo
vine a verte

Me muevo en las aguas
tranquilas de la paz
fuego que calienta
a la vez

¿Cómo fue el día
de la aparición del bebé?

Es problemático
el matrimonio,
¿tal vez?

Muertes simbólicas
alternas en el tiempo
como el ave fénix
renacido sabio
y enriquecido

Agua y fuego
en el interior
colapsan por
incompatibilidad
elemental

Que traqueteo vital
¡difícil existencia!

ARTISTA

No sabe
muy bien
como expresarlo
-pero lo revela-
de una manera
que no
es la usual

Lazo cósmico
que une su ser
con algo distinto

Creatividad
que le acompaña
atrapado en
una tela de araña

Amantes de
las artes
sufridos
y coloridos

Nuevas maneras
de soltar
aquello
que les haría
explotar

Entumecidos
están
si no bailan
al compás

Terapeutas celestiales
chamanes
locos
-sanadores-

Nos muestran
su interior
a la espera
de una pieza
mejor

Meditadores
en concentración
viven con su pasión

DESNUDA

Desnudos venimos
cuando vivimos
nos vestimos

Mostrarse
como uno es
-principal método
de aceptación-

Nadie puede
doblegarte
dar una opinión,
¿quizá?

¿Tú compones
tu destino?
¿O llegas a él sin saber
hacia dónde ibas?

Vergüenza
es un lastre humano
que marca
un límite mundano

Prejuicios
que adoran a todos
aquellos que se lamentan
de sí mismos

Arriesgada
es la profundidad;
si quieres llegar a ella

debe darte igual
el qué dirán

Etiquetar
a una persona
es como pintar
de color oscuro
a alguien
aparentemente normal
señalar su vida y su destino
eso deja mucho que desear

Nada es perpetuo
todo viene y se va
experiencias que te llevan
a comprender
cosas que se disiparán

LENTO

Ingredientes
llenan tu fogón
al calor del
fuego lento

Amantes
se descubren y
se sienten
al ritmo
del caracol

Una tortuga
es paciente
y segura
no se inquieta
ni le asalta la duda

Pedalea viendo
el paisaje
una lagartija
se broncea

Detalles
no se olvidan
si tu cuerpo
se ilumina

REMINISCENCIAS

Evocación
recuerdo
anamnesis
trae al presente
-lo que ya sabes-

Baúl de conocimiento
-memoria-

Imágenes guardadas
vuelven a la mente
intactas

Sentimientos
rememoran
acontecimientos pasados

PARTE NUMINOSA

Conéctate!
Acerca el cosmos
a tus manos!

Es sagrado
el ser creativo;
extrae la electricidad
que hay en tu interior

Imprime tu luz
a todo lo que haces
expande la energía
de alta vibración

Siente la armonía
cuando estallas
en una enorme
carcajada de amor

Es un trozo
de ti
que te hace ser
más tú

Tú partes de allí,
de la inspiración
¡recupera tu imaginación!

INFINITO

Todo esfuerzo
es inútil
si quieres
moverte en las aguas
de lo inabarcable

Parece ser
que es mejor
soltar un poco
la fuerza
y dejarse en manos
de la trascendencia

Arrastrados somos
a un universo inacabado

Trátese amigo
de algo
inconmensurable

Te pierdes
en el mar
imagínate
si ascendieras
un poco más

Tal vez
es muy tarde para esperar
lo inesperado
llenos de control
por todos lados
¿Cómo asir el infinito en mis manos?

ÁMBAR

Nombre del incienso
que huele
a noche oscura del alma

Notas
el perfume
-se vuelve locuaz-
déjate impregnar
con olor artesanal

Resina que protege
a los brujos
piedra color miel
abre tus ojos
descubres mi piel

Vericuetos
entramados
dentro
de la piedra

Dibujos,
cascadas
de melaza
densa y lenta

Sinuosa y energética
condensada y ardiente
brilla según la luz que reciba

¡Déjate obnubilar
por su luz celestial!

TIERRA

Caminan despacio
atraviesan las llanuras
sin parar

Buscan flores
y plantas
para sanar

Carácter terco
y duro de pelar

Establecen raíces
allá donde van
por su seguridad

Tierra mojada
que huele
de manera peculiar

Dan frutos si contactan
con agua y luz

Cuidan y protegen
a los demás

No son perezosos;
constantes y perseverantes

Tierra que guarda
nuestras huellas
para trazar nuestro destino

AIRE

Su mente no puede dejar de razonar
ni con un soplo
sus ideas se van

Movimiento inquieto
veloz y travieso

Descoloca su pelo
ondulan los pensamientos
y no le dejan en paz

Dolor intenso
divagan de más
y no sienten al compás

Sentido del humor
ágil y embaucador

Te envuelven en su ansiedad
si no ven con claridad

Calculan las jugadas
quieren ganar
¡ni ellos saben de tanta
competitividad!

Bellos y divertidos
no hacen otra cosa
más que hablar

Oradores especialistas
con vistas al triunfo

FUEGO

Ego
-encendido o apagado-
según la circunstancia

Colores violáceos, rojos,
naranjas y amarillos,
llama que se inflama

Acércate - no demasiado-
y toma el calor que
es purificador y diáfano

Directo, franco y abierto

Locura sana que lleva
a la alegría
no aman otra cosa más
que la sinceridad

Energía vital,
optimismo y
expansión
a borbotón

Marejada fogosa
-asfixiante-
en algún caso

AGUA

Líquido transparente
que no huele
y quita la sed

Se desliza a tropel
se adapta al material
erosiona la montaña

Sentimientos,
sabiduría y
control

El agua no es inocua
peligrosa
al nacer se deja caer
sin frontera

Vida entera
hacia la quimera
se aproxima sigilosa
a ojear la cantera

Interior labrado
de sentido y sensibilidad
la luna consigue afectarles más

Y es ambiguo
con ellos transitar
llenos de alegría o de
tristeza total...

ENFERMEDAD

-Suspiras-
y el viento te lava
los labios
como el huracán

Algo que retienes
no te deja respirar
y no lo puedes soltar
-una huella-

Cuidarse no es el antídoto
a la enfermedad
hasta a los más sanos
les llega la crueldad

¿Es nuestro sistema inmune,
los genes o la agonía existencial?

Tapones de energía
por todo el cuerpo
no dejan fluir
la vitalidad

Focos inundados
de soledad
cuando más necesitas
a los demás

Es una alarma
algo anda mal;
la luna te inclina
-cuál es la verdad-

DISOCIACIÓN

Mundo alternativo
creado por descanso
necesitado

La vida real
marca un compás
de dolor
que nos cuesta seguir

Inventamos escenarios
diferentes
para poder sonreír

Sufrimiento
muy marcado
que no nos deja dormir

Disociarse es irse
a un lugar imaginado
como defensa a tanto daño

Evasión continua
-desesperación-

Disolverse
en el caos
y volar
 a un sitio
armónico

¡Sanación aparente!

DEPRESIÓN

Oscuridad
en el túnel recto
sin puertas

Espacio vacío
en el corazón
que ya no siente
dicha

No solo se manifiesta
en tristeza
sino en ira y excitación

¿por qué la vida es tan compleja?
¿por qué el hombre la nubla
y espesa con su tormentosa
cavilación?

Falta de motivación
e interés por la vida
-esa no es la cuestión-

El culpable
es la sinrazón
del formato cruel
y despiadado
-un sistema mal diseñado-
Alma herida
que no encuentra
la salida

TRASTORNO PSICÓTICO

Multiverso,
realidad dimensional
de locura irracional

Ruidos, voces
en la habitación
¿Reales o de ficción?

Convivir con tanto
altercado
-es difícil-
pierdes la visión aguda
¿O es, acaso, que la haces más
sutil?

El sentimiento de
tener el pensamiento
de otras mentes
en la tuya

En diferentes lugares
a distintas horas
alucinaciones auditivas
aprisionan

Se hace complicado vivir
Y la gente quiere huir
¿No será clariaudiencia exorbitada?
Conceptos y significados
se esclarecen de una vez

ESQUIZOFRENIA

No se sabe
si exceso de lucidez
o estancia en un mundo impropio

Sociedades excéntricas
llenas de mentiras

Enfermedades psiquiátricas
aunque existe la salida

Reaccionamos de forma desigual
cada uno
de una manera superficial

Trátese de voluntad
el querer salir de este
mundo loco

Vías de paso atormentadas
no es muy clara la dirección

Dicen "demencia"
yo digo "ocurrencia"

Es vital
vivir con paz
lo siniestro
marca aún más
la enfermedad

ANOREXIA

-mientes-
dices que no
tienes hambre

-pasan-
un día tras otro
sin querer una migaja

-quemas-
anulas al organismo
en el gasto calórico

-pantallas-
una foto, no te gustas

-ayunas-
dices que es
para limpiar el organismo

-miedo-
a afrontar el trauma

-distorsión-
te sientes distinta
lo que ves a como
te ven

-ropa ancha-
para que no se noten
los huesos

-negación-
prefieres no comer
y estar muerta

DESPEGAR

Mariposas
en el estómago
revolotean discretas

Inicio de algo nuevo
¿Interestelar o no?
¡Qué más da!

Lo importante
es comenzar
lanzar un pie
y dar un paso

Alzar el vuelo
para -algo bello-
crear
así es de verdad
como la vida fluye
hacia la bondad

Honro al espíritu
que me lanza al vacío
para despertar

Llámame con un símbolo
silencioso
sabré que debo continuar

Sigue la perseverancia
y la constancia
propiedades
de los pies enraizados

La creatividad
de mis números
y la espiritualidad
de los tranquilos

DES-PEGAR , desprenderse
de algo a lo que estabas unido
-la pereza-

DES-PEGAR, y llegar a las estrellas
-volando-

ATERRIZAR

Planea lenta
la hoja
hasta descender
al suelo

Susto repentino
caes de pie
vuelta a la realidad

Parada en seco
sin saber qué hacer
pies insertos en huellas
de barro

Impacto sorpresa
andas parado

Aterrizaje forzoso
cuando estás airado

Evasión que desaparece
¡apareces!

LIBERTAD

Nombre asignado
a las cosas de verdad
-libertad-
el respeto hacia los demás

No es la libre elección
sino el buen amor

Dejarse llevar
procura un sinsabor
en el corazón
de los enamorados

Libertad que me
acompañas
no es dejar la jaula
es apreciarla

Toca los horizontes lejanos
no se aprieta ni se esconde

¿Sientes que
tienes fronteras?
El amor todo
lo libera

Adornas con tus aromas
el patíbulo estelar

Me asombras
¡Libertad!

IA (inteligencia artificial)

Distopía
que entra a la civilización
consentida

Máquinas
que ayudan
-en teoría-
al ser humano

¿Ocuparán algún día
un hermoso lugar?

La vida es imprevisible
asoma despacio

La muerte
te calcina
y no captas
ni el canto del gallo

Dejar pasar...
¿habría que pensar
en algo más?

¿Hacia dónde vas?
la triste locura
del despertar maquinal
Un robot que coge
el control y se difumina

En tu realidad
te minimiza..

TAROT

Guía interno;
las cartas nos muestran
nuestra situación actual

Dejamos el porvenir
en manos de Dios
haciendo como si nada
-elimina la preocupación-

Conocimiento de uno mismo
viaje iniciático
muerte y transformación

Dice lo que se piensa
como un secreto que se destapa

Intuición terapeútica
que sana
¡Adivina!
Lo que sabe, tú ya lo sabes

Coincidencia de
circunstancias transitorias

ASTROLOGÍA

A una distancia
en movimiento
unos de otros
se encuentran
-los planetas-

Las constelaciones
llevan historias
que contar

El Sol,
carácter primordial
La Luna,
el sentir
El ascendente,
cómo te muestras al mundo

A una hora exacta,
día y lugar
naciste tú
según tu carta astral

Las predicciones
son intuitivas y calculadas
predisposición para elegir
en que te quieres convertir

¡Sé tú y coincidirás!

LABERINTO

No hay salida
mires hacia donde mires
te pierdes
te encuentras
repites el mismo trayecto

Los arbustos compactos
marcan el destino
de aquellos
que se pierden en el camino

Laberinto
con tus fauces
te comes a los osados
y enseñas a pocos
la solución

Mi mente
rumia sin deleite
se oprime
en conjeturas

Mi corazón
palpita
sin espacio
se derrumba

pero con mi espíritu
no puedes

Espíritu que deshace
los trabalenguas
orienta
a los que se pierden

¡Deshilvanando una madeja
sigo las pistas!

MUNDO

Tan grande
como el infinito
tan pequeño
como un puntito

Abstracto:
lo que existe
lo que se ve
lo que se agrupa
lo que se expande
lo invisible
lo que se esconde

El mundo al revés
gira y gira
el mundo total
engloba la verdad

La humanidad
vive en pequeños
mundos ideales

Marca la diferencia
el ruidoso mundo
para bien, para mal
algunos siguen igual

Descansa
la tropa se hunde
en el barco

¡Qué harto estás
mundo altivo y voraz!

LA DAMA DE LAS CARICIAS

Con la elegancia
que caracteriza
al gato
baja por la escalera
como una dama callejera

Sus ojos verdes
como el agua
muestran la curiosidad
frente a quien se le acerca

Anaranjada
piel cuidada
lengua áspera
que quita impurezas

Es salvaje y delicada
-solitaria-
con un desapego
cuidadoso y milagroso

Bonita la postura
intacta en las alturas

Su patita levanta
como una marquesita
que la ofrece para saludar

Son uno
en las caricias
y desaparecen
como una estrella
fugaz

MERCADER

Orador compulsivo
que no deja una palabra
al destino

Artimaña salival
que desampara
a la elocuencia

Treta valorada
en unas cuantas monedas

Te llevan de aquí
para allá
te roban la mirada
te embaucan
con poema comercial

Crédulos
hasta la médula
asentimos sin rechistar

Compramos
lo que nos ofrecen
dándonos cuenta
del engaño que hay detrás

El cántico
que se oye
al andar
atrae a las mariposas
como las gaviotas
al mar
Trapicheo colorido
de mentira universal

GAVIOTAS

Color cobre
y dorado
esculpes
3 aves
a mi lado

Número impar
sagrado
en muchas culturas
amado

Como un desconocido
que un día desaparece
sin decir nada

La distancia
es enorme
si miramos
desde la ventana

Luz del sol
me embriaga
y te busco con la mirada

Lejano en una
dimensión apartada

Encontraba
tu ternura
cuando te despistabas

Hallo tu amor;
respiro
el mismo aire
que respirabas

PRINCIPIO Y FINAL

Un ser tan vital
que no se despeinaba

Argüía entre bambalinas
cuando se disgustaba

Dar sin recibir nada
especialidad de la mujer
agrietada

Desapegada
sonriente
y armada
con utensilios
en la cocina
nunca despistada

Mujer valiente y poderosa
no había nada que se le cruzara

Vivaz, tenaz
-siempre dispuesta a ayudar-

Pocos seres
se le parecen
luz especial
que la ennoblece
Como una obra
de arte
que perdura en el tiempo
para que otros puedan
conocerla
-inmortal-

LENTES

Así de cerca
puedes ver
una lenteja

Pequeña es
y a otra altura
cambia de tamaño

Estrellas
-lejanas-
a la distancia
de una mano

Puedes coger
la Luna, Saturno
y Urano

Tan lejos, tan cerca
según tus ojos
opciones diversas

Micro-macro
como es arriba es abajo

Algo asombroso
puedes encontrar
si miras atenta
sin voluntad

Déjate llevar
-observa-
con cautela
Ahí está!
La Vía Láctea!

DESPEDIDA AL ATARDECER

No hay nada más profundo
que no decir nada
cuando tu dolor supera a
las palabras

Te has ido.
¿Partiendo de
qué lugar?

Loco anaranjado
un beso en el aire
quedará en nuestro recuerdo

Alma inquieta
dime dónde estás
para que cuando nos faltes
te podamos soñar

Escondido en tu cama
alzabas la mirada

Perro-luciérnaga
irradias luz del sol
de tanta bondad
que alegra tu mirada
de paz

Mudos
-nos dejas-
tu ausencia
que nos presencia

Tu frente en mi rodilla
mientras te acariciaba,
¿Llorabas?

CEMENTERIO

No reconozco
ese silencio
en un lugar
igual de inhóspito

Los cuerpos
que se quedan inertes
y en transformación

¿Será que el espíritu
transita por cualquier
otro plano?

Una mezcolanza
de energías
residen por todas
partes

¿y esa paz? ¿a qué se debe?

La muerte es el vacío
y la nada que deja de sonar

El universo,
¿suena?
¿O el silencio
acapara hasta las estrellas?
No necesitan hacer ruido
les basta con ser bellas!

VOLAR

Notas un desolador aullido
cuando se despliegan sin avisar
-paraguas-
tan grandes
que necesitan maniobrar
como los coches en la ciudad

Alas enormes
difíciles de manejar
me llevan a la zona interestelar

Son el sueño
de los que nunca
queremos despertar

El entusiasmo
que te hace vibrar

Pájaros que físicamente
no las pueden usar

-te llevan-
entras en un carrusel
dando quizás un traspiés

La meta es infinita
y ya no puedes volver
porque al dormir
vuelas también!

FAROLILLO

Cuantas noches
de insomnio;
desprendes tu luz
armónica-celestial
que adormece mis pesares

Siento la compañía
de alguien
que ahuyenta
a los fantasmas oníricos
despista en las pesadillas
enloquece a los zombies

Decoras
el escenario
de amor
entre tú y yo

Nos abrigas
cuando desnudos
retozamos
como las criaturas
nacidas para amar

Recalcas la belleza
del espacio en el que
estás
Farolillo,
lámpara de luz tenue
que no daña los ojos
al descansar

EN LA COCINA

Horas de preparación
charlas desatendidas
al observar
el fuego

Llega la hora
suena el olor
que levanta
hasta a mis ojos

Platos sucios
llenos, vacíos
-alimentos-
que nos llenan
el estómago
- paciencia-

El ritual de todos
los días
que no aburre
ni quita el sueño
de quien lo vive

Desechos aborrecidos
directos al cubo orgánico

La habitación del calor
no es una sauna
sino llama controlada
al amparo de todos
nuestros deseos culinarios
"Esta sal no sala"
dice la chef encantada

VIAJES

¿Quién necesita peregrinar
cuando mis piernas
nunca descansan?

Vagan de aquí
para allá
cada día
a cada instante

Con mi mochila y bolso
a cualquier parte

Exploradora continua
que persevera
un día veo una luz
otro, un gato

El paisaje
nunca el mismo
es la riqueza el cambio

Paso a paso
desconozco el futuro
pero afianzo
mi presente
en cada intento

Movimiento energético
desarmas mis nudos
alimentas mis músculos

¿Cuánto poder
crees que puede
tener el amor?

RECETA DEL AMOR

Ingredientes olvidados
en una sociedad de amargados

Busca una pizca de alegría
una cuchara de ternura
y un vaso de empatía

Color suave
deslizas lentamente
tu dulzura

La receta no tiene secretos
todo el mundo la conoce
fórmula milenaria

Es una contradicción
fácil y difícil
a la vez
búscala
sin dejar de entrever
el porqué del corazón

La receta del amor
es el alivio
a la desnutrición del mundo

EN ALGÚN LUGAR

Triste tormenta
acalla los rumores
-serenidad-

Estrellas brillantes
iluminan la oscuridad
-el despertar-

Caminos desperdigados
se encuentran

La inocencia es un don
que hay que enfatizar
el bebé no la ignora
en su divertido transitar

Luchan por vencer
cuando ya estamos vencidos
¡Qué locura!

Este silencio atronador
dice tanto
que no hay oxígeno
para respirar

Sabemos que el tiempo
se acaba ¿cuándo?

-En algún lugar-

DESASOSIEGO

No podía abrir los ojos
para allí para acá
¿acaso llegaba al principio?

Las calles estaban mojadas
dejaba de parpadear
asombrada
me equivocaba

Preguntaba:
¿es ésta la calle que busco?
-no soy de aquí-
contestaba en un susurro

-estoy perdida-

Si alguien puede ayudarme
llevadme a la puerta de salida

Cansada
intentaba escapar
pero el laberinto
no tenía final

-¿Me oyes?-
solo quiero salir
déjame ir
Como si ...
un murmullo
me gritara
¡PACIENCIA!

CEGUERA

No puedes ver
tus ojos están bien

La ceguera elegida
soporta las heridas
conjuntada
con la boca cerrada

No olvides
tu empeño
que estar aquí
es algo bello

Si ofreces
tu sonrisa
recibes una caricia

Si muestras
tu mirada
nunca sabrás
su alcance

Enséñame tu ser interior
Recompensa: destruir la máscara
algarabía, estruendo

Una voz más
tus ojos opinarán
al margen
de todo lo demás

MUTACIONES

El viento huracanado
enrojece mis labios
los seca
se agrietan

Pelo erizado
descolocado
mente dispersa

Camino
los pies se elevan
levitan

-día de sol-
bufanda y guantes
marcando un surco vacío
el viento es frío

-día gris-
nubes cargadas
de sentimientos
olvidan
que el humano
se ha endurecido

Cambia el día
cambia todo
cambia hasta la cara
que por un enfado
presenta la ignorancia

ASPAVIENTO

Melena encrespada
como la de los gatos
que se enfurecen

La realidad
aplasta los sueños
de la gente

Cabalgan disfrazados
siguiendo rutinas despiadadas
encuentran el dolor
en las esquinas

¡Rabia!
¡Déjame en paz!

Un cuadro
lleva impregnado
mi sentimiento exagerado
o no!

La tarde anuncia
el fin de la agonía

Cuando duermo
-descanso-
mi ira, me olvida

Articular palabras
es una osadía
si el cuerpo
y la mente
te desafían

TACTO

-Sutileza-
manos libres
cogen el lápiz
ni fuerte, ni débil
-se funden con él-

Nadar
con el agua
unida a la piel
se aparta en el túnel
cuando el cuerpo
pasa por él

Percibes
al sentir mi energía
dedo con dedo
brilla una estrella

Habla despacio
no alces la voz
como en un suspiro
exprime tu voz

Muévete despacio
sin hacer ruido
la agresividad
también está en el brío

Las puertas abiertas
dejan ver en tu cuerpo
el mimo del amor

Pies cálidos
rozándose
me hacen desfallecer
como en un latido
sinuoso y fiel

ORIENTE

Carácter silencioso
que quiere decir
algo en clave
como en un sueño

Bellos colores
dioses magnánimos
luz que envuelve
y enaltece

Filosofías acuosas
que no se dejan coger
se deslizan
sin un anclaje

Fluido
no se detiene
una serpiente
en el camino
lleno de peligro

Suave y maleable
romper es distinto
niveles de comprensión
agudos y profundos

Enseñan al borde
del abismo
para evitar que caigas
y al mismo tiempo
estés vivo

Cultura complicada
discernimiento pausado
para el que nace
en otro lado

OCCIDENTE

Rigidez encapsulada
en un haz de fibras tensas

Rectitud
Orgullo
Dignidad
palabras más grandes
que hasta el mismo
ser humano

"Conquistar"
es su verbo
mientras el mundo
gira para todos

Adormecidos
por la quimera
de la paz y la tranquilidad
aman la libertad

Se rompen a menudo
porque saben que el fin
es muy duro

Tienen miedo
a lo distinto
se arman con ruido
Tiemblan
cuando una iluminación
inesperada
les llega y les opera

ARMAS

Cualquier objeto
es un arma
si no la utilizas bien

Millones de personas
quedan en el olvido
por un uso indecente
de algo que él mismo
ha construido

De todos los tipos;
ciegan al que las transporta
y desencadena el caos
en barrena

Impulso más arma
destrucción

Artilugios inventados
para la supuesta protección

-innecesaria-
si el hombre acabara
con el temor

La paz es lo ideal,
¿pero qué haces cuando
un ser se odia a si mismo?

TRIVIAL

Detalles que no conforman
la parte esencial
de un problema

Insustancial
banal
sin importancia

Caminas por una acera
ves un matorral
¿qué es lo esencial?

Si la vida está conformada
de detalles
¿qué sería algo trivial?
¿qué más da lo secundario?

Lo pequeño
e insignificante
a veces hiere más

Porque en la vida
todo significa
algo distinto
incluso lo trivial

DUNA

Fina arena acumulada
montaña levantada

Limpia tus pies
sumérgelos
en la tierra

La forma de tus dedos
queda emplazada
como un molde
se pueden sacar
formas perfectas

Ola gigantesca
que al océano
desértico pertenece
tormentas de ceguera

Partículas diminutas
quedan inscritas
en mi piel

El reloj la filtra
y la deja caer

Liviana se deshace
formando un mar de miel

ENTRAÑABLE NIÑEZ

Campos de cereal
a mis pasos se inclinan

Esconderme
no es casual
lo hemos pactado

Hacemos un camino
pisando espigas
verdes y amarillas

Trazamos rectas,
curvas y líneas discontínuas

Una caverna
hecha de trigo o cebada

Corres detrás de mi
para pillarme
yo me fundo
con el aire

Al salir de allí
las piernas magulladas
arañazos y picor
en tropel

Laberinto aplastado
¡por aquí hemos pasado!

Después con espigas
en la mano
lanzábamos
por todos lados

MARIPOSA

Encandilan tus alas
nos develan
con su frescura

Palpitas
al lado de las flores
como un corazón
que todo lo mantiene vivo

Desprendes luz
a media tarde
que ni molesta
ni es siniestra

Alma bella
no te escondas
tu hermosura
armoniza el paisaje

Viajes modulados
entonados
Y nada violentos

Eres síntoma
de serendipia
apareces
en el mejor instante
Triste
cuando no vuelas

Es amable
tu sinuosidad
que despista
al aire

Mariposa
encumbrada
enamorada
del mensaje celestial

VOCES

No escuchar
causa enfermedad
tanto para el sordo
como para el que solo habla

La voz interna
que nos ampara
trata siempre de ayudar

Voces diagnosticadas
por el sufrimiento

Dolientes amigas
traen discordia,
amor y mucha
mala interpretación

Moduladas en diferentes tonos

¡Ama con las palabras!

POETA

Escribo sobre
un manto de flores
para que el poema
se empape
de fragancia

Admiro la luz
que me alumbra
el alma
con la que afronto
el aprendizaje

Me ejercito lentamente
con la tenue exuberancia
del que nunca supo soñar
en la abundancia

al trote
de la mente
que encauza todos
los saberes

Memorizo
los sentimientos
espíritu creador

Inundo mis pensamientos
con la gracia acompasada

Atrapa el amor
en la transmisión
de la esencia

Que más tarde
uno convierte
en parte de su ser

NO HAY ESCAPATORIA

En un sinfín de mundos
hay que estar
-quieras o no-
y vivir

La infinitud de la vida
agrega nerviosismo
nunca acaba
y sigues en el hilo

No se puede huir
estamos en un callejón
sin salida
la única opción
es vivir la vida

Enmarañados
en una selva tropical
se nos da la vida racionada

¡Miedo!
Eso es lo que sentimos
cuando tenemos que irnos

¿Sientes la dificultad de la vida?

Cuando estés
desorientado
busca en tu brújula
y guíate hacia el amor

MIEDO

El miedo
nos hace vibrar
de angustia incierta

Te paraliza
te esclaviza
te hunde
solo hay una alternativa:
la vida

Estamos encadenados
a una jaula de cristal transparente
desde donde vemos el ambiente

Los que no quieren romper las cadenas
-observan-
los que se atreven
ya nunca pueden volver

El retorno es imposible
cuando al amor
has dado paso

Labra con agudeza
el espíritu

¡Conseguirás abrazar
a todos los demás!

ESPÍRITU

Danza!
alegría
que te baña!

Deja de juzgar
sal a pasear

Abriga el viento
que te quiere limpiar

Fúndete con la Naturaleza
en el día presente

Deja que la fluidez
del manantial
libere energía

No serás vencido
si con tu espíritu
amas la vida

Encuentro
de actitudes positivas
-impiden las caídas-

CONVERSACIÓN

Con un sol
-que deshace
hasta el metal-
voy por el lado oscuro
de la calle

Me llaman los pájaros
desnudan mis apuros

Concilio las artes del amor
con un suspiro

Atenta
escucho las voces
que embriagan
al atardecer

No estoy ofuscada
solo que el trayecto
es un desatino

Y al cruzar
el mar de amapolas
encuentro a un amigo

Charlo entusiasmada
sobre el destino
no veo más allá
de las tierras llanas

INFORMATIVOS

Aparece de forma instantánea
como los anuncios de crema cutánea

Noticias tristes,
alarmantes,
descorazonadoras

Se ve que nos rocían
con el miedo
a las personas

Temor a salir
a viajar
a explorar
miedo al encuentro personal

Nos alimentan
con tensiones
nos cortan el paso

La televisión
que desinforma
que pone el foco
que hace un circo
de una manera extraña

Es el momento
de la comida
ino te veas influida!

¡Apágala!
¡Enciende tus vínculos!

RUIDO

En el cielo
el aleteo
de los aviones
olvidados

Rumian
con progresión
hasta que se evaporan
entre las nubes

El ajetreo
de los coches,
las máquinas
y los viandantes

Despiertas
del ensueño
vas al cementerio

La biblioteca
hace un intento
de colaborar
con la paz

Vida y movimiento
no tienen
que ser
escándalo callejero

Si aprendes a hacer
las cosas con delicadeza
y esmero

Obtienes
una tierra
que no parece
un avispero

ESTÁ LLEGANDO EL VERANO

Encuentro
la tormenta amable
si estás cerca

Horrorizada
ante el estruendo
no dices nada

Es una causa justa
la de la lluvia
que se enfada y grita

Tal vez dice
algo indigno
o le canta al amor

Torrencial cae
fuerte golpea
y en los lados
del tejado
se acurruca

Un lago minúsculo
en dos charcos
grandes mares
por estos lares

Tempestad altiva
que destruye
lo que aparece

Se diluye como la sal

VERANO

Sin aliento
despierto
una madrugada

Calor que extingue
a la raza humana

Sol caliente
rayos ardientes
nos eliminan

Las lagartijas
disfrutan
estatuas en las paredes

Escucho la voz
de los insectos
avisan de la estación
a la que asisten

Cuerpos mojados
sueltan sudor
a todas horas
-sin dilación-

EVOLUCIÓN ESPIRITUAL

La mirada
va hacia dentro
como cuando
cierras los ojos
y sientes tu amor

Es tan difícil
llegar a avanzar
"retrocediendo"...

La evolución espiritual
no es modernidad
sino aumento de consciencia

Es un cambio de perspectiva
fijarse en los detalles

Ir despacio
captar lo intrascendente
que por nimio
tiene todo el sentido

Despiertas
de un mal sueño
sientes el dolor
de un mundo perturbado

BONDAD

Tachados
de debilidad
e incongruencia vital

En un mundo
cargado
de ansiedad
y crueldad

Bondad, verdad, belleza

Bondad hacia ti y hacia
lo que te rodea
Verdad de la vida:
principios profundos
de sabiduría
Belleza que ilumina

Califican de "idiotas"
a los que la viven
con tenacidad

Una virtud
que desprende
sentimientos
profundos

La oscuridad
nos oculta la verdad,
nos dificulta la vida
y nos hace temblar

La vida
que con tanta bondad
nos ennoblece
luce toda su verdad

EPÍLOGO

La vida es un laberinto donde no paras de fracasar. Y si algún día encuentras una salida, vuelves a meterte con otra meta fijada-puertas, direcciones, caminos...

Durante el tiempo que vivimos, buscamos conquistar cuando lo verdaderamente importante es la entrega. Darse, ser receptivo y cordial.

Cambiar la perspectiva y ver lo esencial no es fácil aunque tampoco imposible.

El fondo del océano es misterioso y tan silencioso como un reptil. Para respirar, necesitas ascender a la superficie sabiendo que en la profundidad están las respuestas. ¿Cuánto tiempo somos capaces de aguantar sin respirar? El agua nos permite deslizarnos; sin embargo, nos impide subir deprisa sin pensar. El ascenso es lento y pausado debido al riesgo que existe para la salud.

Vivir es un proceso lento y reflexivo. Necesitamos tiempo para crecer, para aprender, para madurar...la vida no es ya! A no ser que sea una emergencia. Debemos saber diferenciar.

Clara García Castellanos